Bibliografische Information der Deutschen Nationalbibliothek
Die Deutsche Nationalbibliothek verzeichnet diese Publikation
in der Deutschen Nationalbibliografie;
detaillierte bibliografische Daten sind im Internet
über http://dnb.d-nb.de abrufbar.

© Duden 2011   D C B A
Bibliographisches Institut GmbH
Dudenstraße 6, 68167 Mannheim
Redaktionelle Leitung: Nele Thiemann
Lektorat: Sophia Marzolff
Fachberatung: Ulrike Holzwarth-Raether
Herstellung: Claudia Rönsch, Cornelia Huber
Layout und Satz: Michelle Vollmer, Mainz
Illustration Lesedetektive: Barbara Scholz
Umschlaggestaltung: Mischa Acker
Druck und Bindung: Print Consult GmbH
Oettingenstraße 23, 80538 München
Printed in Czech Republic

ISBN 978-3-411-80847-2

Drei Freunde decken auf

Luise Holthausen
mit Bildern von Ansgar Lorenz

Dudenverlag
Mannheim · Zürich

Inhalt

1. Das ist der Hammer!

Der Kopierer rattert. Simon sortiert die bedruckten
Blätter, Teris tackert sie zusammen.
„Hast du den schon gelesen?" Teris dreht die letzte
Seite um. „Kommt ein Skelett zum Arzt. Sagt der Arzt:
‚Sie sind aber spät dran.' Gut, was?"
Simon verdreht die Augen. Diesen Uraltwitz kennt er
schon seit dem Kindergarten.
„Oder der hier: Kommt ein Skelett zum Zahnarzt. Sagt
der Arzt: ‚Ihre Zähne sind gut, aber Ihr Zahnfleisch
macht mir Sorgen.' Voll lustig, was?"
Simon schmeißt die Kopien auf den Tisch. „Nein, das
ist voll öde. Mann, wir sind 'ne Schülerzeitung! Und
wir haben es diesen Monat gerade mal geschafft, vier
Seiten zusammenzustoppeln. Mit blöden Witzen!"
„Na und?" Teris tackert ungerührt weiter. „Alle mögen
Witze. Na gut, alle außer dir. Außerdem haben wir noch
ein Interview und eine Reisereportage in der Zeitung."

Ja, Interview und Reisereportage, das klingt natürlich großartig. Aber das Interview unter der Rubrik „Unsere Lehrer" musste Simon diesmal mit Herrn Arendt führen. Und der hat nur zu einem „Ja" oder „Nein" den Mund aufgekriegt. So langweilig liest sich denn auch das ganze Interview.

Und die sogenannte Reisereportage hat Teris verbrochen. In den Ferien fährt er oft mit seinen Eltern nach Griechenland, weil dort seine Großeltern leben. Aber die Reportage ist nicht gerade brandaktuell, denn zuletzt war er in den Osterferien dort. Und über Griechenland hat er eigentlich gar nichts geschrieben. Nur, dass er schwimmen war und Fußball gespielt hat. Wen interessiert denn das?

„Wir müssten mal so eine richtige Sensation bringen, eine Exklusivmeldung. Dann reißen uns alle die Zeitung aus den Händen." Simon schaut sehnsüchtig auf die Kopien. Wenn sie wenigstens eine richtige Redaktion wären! Nur er und Teris, das ist einfach zu wenig.

Auf dem Flur trappelt es. Ein Mädchen kommt an der offenen Tür vorbei.

„Hey, Hanna", ruft Simon. Hanna ist in der Garten-AG. Eigentlich wollte sie einen Bericht über die letzte Pflanzaktion schreiben. Aber die ist auch schon Wochen her.

„Wann hast du denn endlich den Artikel fertig?"

Hanna schaut um die Ecke. „Was ist los?" Dann sieht sie Simon und Teris. „Nee, ich hab keine Zeit." Schnell rennt sie weiter.

Simon lässt die Kopien sinken. So macht das doch alles keinen Spaß.

„Fertig." Triumphierend knallt Teris die letzte zusammengetackerte Zeitung auf den Tisch. „Fünfzig Exemplare. Die können wir morgen in der großen Pause verteilen. Wollen wir jetzt zum Baumhaus? Bei mir ist eh noch keiner zu Hause. Und heute regnet es endlich mal nicht."

Er stürmt nach draußen. Simon schlurft hinter ihm her und kickt Steinchen.

Zum Baumhaus ist es nicht weit. Sie haben es selbst gebaut, am Rande des Wäldchens neben der Schule, da wo die Obstwiesen beginnen. Es besteht zwar nur aus ein paar zusammengenagelten Brettern, aber es ist ihr Geheimhaus. Wenn man unter dem Baum steht, kann man es durch die Blätter kaum sehen.

Teris klettert nach oben. Simon hangelt

1. Fall: Simon ist unzufrieden. Welcher Satz passt am besten zu seiner Stimmung?

Simon schlurft hinter Teris her.

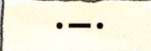

sich hinterher. Dieser Tag ist so blöd, da bricht jetzt bestimmt gleich ein Ast ab oder das Baumhaus fällt auseinander oder so.

Aber zum Glück passiert gar nichts, und sie können einfach nur still dort oben sitzen und durch das grüne Blätterdach schauen. Das ist schön.

„Guck mal, diese komischen Vögel sind wieder da", flüstert Teris.

Von den Obstbäumen kommen zwei große, braun gefiederte Vögel ins Wäldchen geflogen. Sie setzen sich nebeneinander auf einen entfernten Ast und äugen misstrauisch zu den beiden Jungen hinüber.

„Die sehen aus wie Eulen", meint Simon.

„Eulen sind aber nachtaktiv und schlafen am Tag."

Teris kneift die Augen zusammen. „Jetzt verschwindet einer im Baumstamm."

„Vielleicht nisten sie in einer Baumhöhle. Piepst da nicht irgendwas?"

Angestrengt lauschen sie. Da ist doch ein Geräusch! Dann das Knacken eines Zweiges. Nein, das ist kein Vogel, das sind Schritte, die näher kommen.

Simon schlendert mit Teris los.

Simon stiefelt vor Teris her.

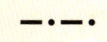

Simon und Teris kauern sich auf den Boden und rühren keinen Finger mehr. Niemand soll ihr Geheimhaus entdecken.

Direkt unter dem Baum verstummen die Geräusche. Dann sagt ein Mann: „Ich habe mit der Baufirma gesprochen, bald kommen die Bagger. Und als Erstes werden die Bäume niedergemacht."

Simon umklammert das Brett, auf dem er bäuchlings liegt. Baufirma, Bagger, Bäume niedermachen? Was soll das alles heißen?

„Ist denn mit der Baugenehmigung für das Einkaufszentrum jetzt alles wasserdicht, Claudius?", fährt der Mann fort.

„Die Baugenehmigung habe ich diese Woche erledigt. Mit beiden Unterschriften", antwortet ein zweiter Mann.

„Sehr gut, Claudius. Dann haben sich meine kleinen Spenden in den letzten Monaten also gelohnt."

„Kann man so sagen. Und zwar für uns beide."

Zweistimmiges Gelächter ertönt. Wieder knackt ein Zweig, tappen die Schritte, dann wird es still. Die beiden Männer sind gegangen.

Simon schwirrt der Kopf. „Was heißt das alles?"

„Das Wäldchen soll abgeholzt werden für ein schickes neues Einkaufszentrum", murmelt Teris mit düsterer Stimme. „Und das heißt, es ist Schluss mit unserem Baumhaus."

Einen Moment sitzt Simon wie erstarrt. „Das gibts doch nicht. Wieso weiß niemand was davon?" Plötzlich kommt wieder Leben in ihn. „Aber alle müssen es erfahren! Und das bedeutet, Teris …"

„Ja! Wir haben unsere Exklusivmeldung! Nichts wie runter hier!"

2. Brandheiße Neuigkeiten

Kaum klingelt es am nächsten Vormittag zur großen
Pause, stürzen Simon und Teris aus dem Klassen-
raum der 4a und stellen sich mit ihrer Zeitung an die
Eingangstür vom Schulhaus.
„Kostenlose Schülerzeitung", schreit Simon.
„Brandheiße Neuigkeiten", schreit Teris.
Jeder, der auf den Pausenhof will, muss an ihnen
vorbei. Und jeder bekommt eine Zeitung in die Hand
gedrückt.
„Ach, euer Witzblatt schon wieder", schnaubt Paul
aus ihrer Klasse und stopft die Zeitung in seine Jacken-
tasche.
„Toll", meint eine Lehrerin, faltet sie zusammen und
klemmt sie sich unter den Arm.
„Keine Zeit", ruft Hanna und saust an ihnen vorbei.
Hat überhaupt jemand richtig hingeschaut?
Dabei haben sie gestern den ganzen Nachmittag lang
an ihrem Sensationsartikel gefeilt und alle Zeitungen
noch einmal neu getackert. Die größte Mühe haben sie
sich gegeben. Jetzt prangt die Schlagzeile in großen
fetten Lettern auf der ersten Seite: **„Rettet unseren
Wald!"** Und darunter: „Wald wird für Einkaufszentrum
abgeholzt."

Vor Simon bleibt ein Mädchen stehen, in der Hand einen Tischtennisschläger und auf dem Kopf eine Haarmähne mit bunten Strähnchen im Pony. „Hi, ich bin Jule. Krieg ich auch eine Zeitung?"

„Klar kannst du eine haben." Teris drängelt sich dazwischen und drückt ihr seine letzte Zeitung in die Hand. „Ich hab dich noch nie gesehen. Gehst du auch hier in die Schule?"

Jule nickt. „In die 4b. Aber erst seit ein paar Tagen. Wir sind umgezogen, damit mein Vater es nicht mehr so weit zur Arbeit hat."

Teris glotzt sie schmachtend an. Jule merkt es nicht. Sie liest die Schlagzeile. „Hey, was für ein Hammerartikel", meint sie.

„Haben wir selbst geschrieben", sagt Simon stolz.

„Wir beide", betont Teris.

„Okay, bis dann. Man sieht sich." Jule rollt die Zeitung zusammen und hüpft weiter zu den Tischtennisplatten. Teris starrt ihr hinterher. „Die ist ja cool!"

Simon zuckt die Achseln. „Ein Mädchen halt." Aber immerhin ist sie die Erste, die ihren Artikel richtig gewürdigt hat. Ein Hammerartikel, genau das ist er!

Zu Hause drehen sich Simons Gedanken ständig im Kreis. Was wird nun passieren? Werden die anderen den Artikel lesen? Werden sie ihn ihren Eltern zeigen? Werden die sich bei der Stadt beschweren und sagen: „Wir wollen lieber den Wald als ein Einkaufszentrum!"? Und dann? Wird die Baugenehmigung zurückgezogen? Geht das so einfach? Simon seufzt. Schön wärs. Aber wahrscheinlich wird gar nichts passieren.

Das Telefon klingelt. Als Simon abhebt, meldet sich eine Männerstimme. „Hier ist Jonathan Kant vom Kullheimer Morgenblatt. Spreche ich mit Simon von der Schülerzeitung?"

Simon fällt fast der Hörer aus der Hand.

„J…a…a…a…", stottert er.

„Prima. Ich habe euren Artikel über das Einkaufszentrum gelesen und würde gerne mehr über die Sache wissen. Hast du Zeit?"

„J…a…a…a…"

„Dann schlage ich vor, wir treffen uns in einer halben Stunde im Eiscafé. Ist das okay für dich? Frag gerne auch erst deine Eltern."

Simon bringt ein weiteres „J…a…a…a…" heraus,
dann fällt ihm endgültig der Hörer aus der Hand.
Zwei Sekunden später hat er ihn aber schon wieder
am Ohr und brüllt hinein: „Teris, weißt du, wer mich
eben angerufen hat?"

„Jule?", rät Teris mit hoffnungsvoller Stimme.

„Nein, du Idiot. Viel besser!"

„Besser geht nicht", meint Teris.

Und ob es besser geht! „Ein Journalist vom Kullheimer
Morgenblatt will sich mit mir treffen. In einer halben
Stunde. Kommst du mit?"

Es wird stumm in der Leitung. Dann krächzt Teris los:
„Bin schon unterwegs!"

Kurz darauf steht Teris mit seinem Fahrrad vor der Tür.

„Meinst du, der will unseren Artikel drucken? Oder über
uns schreiben?"

Das hat Simon sich auch schon alles gefragt. Vor allem:
Wie ist Jonathan Kant überhaupt an ihren Artikel gekom-
men? Aber das werden sie nun gleich alles aus erster
Hand erfahren.

3. Treffen mit Informanten

In Rekordgeschwindigkeit fahren sie zum Eiscafé und schließen dort ihre Räder am Fahrradständer ab. Es ist warm und alle Leute sitzen draußen an kleinen Tischen. Simon schaut sich suchend um. „Und wo ist er nun?"

„Da!" Teris kriegt einen verzückten Blick.

Wo? Simon kann niemanden erkennen, der wie ein Journalist aussieht. Ein Journalist müsste ja eigentlich ein Notebook dabeihaben. Oder ein Diktiergerät, mit dem er alles aufnimmt, was ihm seine geheimen Informanten zuflüstern. Zumindest ein stinknormales Notizbuch müsste er doch bei sich haben. Aber der einzige Mann weit und breit ist ein Vater, der zusammen mit seiner Tochter einen Eisbecher vertilgt. Und die Tochter ist Jule.

Deswegen also guckt Teris so völlig gaga.

„Hallo, Jule."

„Hi." Jule strahlt sie unter ihren bunten Ponysträhnchen hervor an. „Das ist mein Vater."

Simon nickt höflich. „Guten Tag." Aber in Gedanken ist er ganz woanders. Wann kommt denn nun dieser Jonathan Kant? Oder hat sich da jemand einen Scherz erlaubt?

14

„Schön, dass ihr da seid", sagt der Vater.

„Na ja, eigentlich sind wir schon verabredet", meint
Simon. Er tritt von einem Fuß auf den anderen.

„Ja, mit mir. Ist das dein Koautor?"

Simon blinzelt. „Was?"

„Habt ihr den Artikel zusammen geschrieben?"

„Sie haben ihn gelesen?"

Jules Vater lacht. „Sonst hätte ich dich nicht angerufen."

Jetzt kapiert Simon endlich. Mann, er hat ja eben voll
auf der Leitung gestanden. „Sie sind Jonathan Kant!"

„Genau."

Simon starrt die grinsende Jule an. Hätte sie das nicht
gleich sagen können?

Nachdem sie sich gesetzt und einen Eisbecher bestellt
haben, zieht Herr Kant tatsächlich ein kleines Notizbuch
aus der Tasche und klappt es auf. „Nun erzählt mal.
Ihr habt geschrieben, der Wald soll abgeholzt und dafür
ein Einkaufszentrum gebaut werden. Das habt ihr euch
doch wohl nicht ausgedacht, oder?"

„Natürlich nicht." Simon ist empört. Ein Zeitungs-
redakteur erfindet doch keine Geschichten.
Er fängt an zu erzählen. Jonathan Kant hört schwei-
gend zu. Ab und an krakelt er ein paar unleserliche
Notizen in sein Büchlein. Simon möchte am liebsten
gar nicht mehr aufhören zu erzählen. Wann hat man
schließlich sonst Gelegenheit, mit einem echten
Journalisten zu reden! Jedes Detail, das ihm nur
einfällt, führt er auf. Als er nebenbei auch noch die
komischen braunen Vögel erwähnt, unterbricht Jules
Vater ihn.
„Was sind das für Vögel?"
„Keine Ahnung. Die sehen aus wie Eulen. Aber Teris
meint, Eulen sind nachtaktiv."
„Habt ihr vielleicht ein Bild von so einem Vogel?"
„Meine Eltern haben ein Bestimmungsbuch", sagt
Teris. „Da kann ich nachschauen. Wieso?"
Jonathan Kant winkt ab. „Ach, nur um sicherzugehen.
Vielleicht ist es gar nicht so wichtig. Und was passierte
dann?", fragt er.
Simon erzählt weiter. Von den Männern und von dem
Gespräch, das sie belauscht haben. Als er bei den
„kleinen Spenden" ankommt, unterbricht Herr Kant ihn
wieder: „Was hat der Mann genau gesagt?"
Simon denkt scharf nach. Wie war das noch mal?

16

„Na ja, er meinte so ungefähr …"

„Nicht ungefähr. Wörtlich."

Das ist ihm nun peinlich, aber wörtlich weiß er es nicht mehr. Er schaut Teris an. Teris zuckt die Achseln.

„Keine Ahnung."

„Schreiben Sie jetzt, dass der Wald unrechtmäßig abgeholzt wird? Dass es gegen das Gesetz verstößt?", will Simon wissen.

Herr Kant legt seinen Stift hin. „Das kann ich nicht schreiben. Mir kommt das zwar auch alles ziemlich seltsam vor, aber bisher geht es um reine Vermutungen."

„Aber wir müssen das Wäldchen retten!", ruft Simon.

Jules Vater nickt. „Daran liegt mir auch. Aber ein Zeitungsartikel muss Hand und Fuß haben und den Tatsachen entsprechen. Und das heißt, ich muss recherchieren und eure Hinweise überprüfen." Er zieht sein Portemonnaie aus der Tasche, um die Eisbecher zu bezahlen. „Damit werde ich auch gleich anfangen. Auf dem Weg zur Redaktion komme ich beim Bauamt vorbei, da werde ich nach der Baugenehmigung fragen."

„Dürfen wir mit?", rufen Simon, Teris und Jule gleichzeitig.

„Ihr dürft mich später in der Redaktion besuchen. Bis dahin habe ich hoffentlich die Informationen, die ich brauche, und den Artikel fertig."

„Und wo ist die Redaktion?", fragt Teris.

„Ich zeig sie euch. Sagt mir, wo ihr wohnt, und ich hol euch ab", verspricht Jule.

Simon fährt mit Teris nach Hause und dort versuchen sie, Hausaufgaben zu machen. Simon malt Kringel in sein Heft

2. Fall: Warum schreibt Herr Kant nicht sofort einen Artikel?

Er hat keine Zeit.

und denkt über den Artikel nach. Teris starrt Löcher in die Luft und seufzt ab und zu irgendwas, das verdächtig nach „Jule" klingt.

„Das Bestimmungsbuch", sagt Simon plötzlich.

Teris springt auf. „Stimmt, wir haben Jule versprochen, die Vogelart rauszufinden."

„Wir haben es ihrem Vater versprochen", korrigiert Simon.

„Was?"

„Egal. Wo ist denn nun das Bestimmungsbuch?"

Sie finden es nicht. Obwohl sie das ganze Wohnzimmer von Teris' Eltern auf den Kopf stellen, in Schränke kriechen und Bücherregale ausräumen, sie finden kein Bestimmungsbuch. Und Teris' Eltern können ihnen nicht helfen, weil die arbeiten sind. „Mist", sagt Teris.

„Haben deine Eltern vielleicht so was?"

Simon ruft zu Hause an und fragt seine Mutter, aber die sagt, nein, sie hätten kein Bestimmungsbuch. „Geht doch in die Bücherei", schlägt sie vor.

„Gute Idee!" Simon will gleich los, aber Teris hält ihn zurück:

Er glaubt
den Jungen nicht.

— —..

Er muss die Hinweise
überprüfen.

„Jule kommt uns doch gleich abholen. Und so wichtig ist dieses Flattervieh nun auch nicht."

Weiß man's? Simon ist sich da nicht so sicher. Recherchieren, Informationen zusammentragen und dann alles auswerten, so macht man das als Journalist. Das hat er ja gerade erst von Herrn Kant gelernt. Und der war irgendwie interessiert an dem Vogel.

Aber dann klingelt es tatsächlich und Jule steht vor der Tür, um sie abzuholen. Da vergisst auch Simon den blöden Vogel. Denn jetzt gehts in die Redaktion. In eine echte Zeitungsredaktion!

4. In der Redaktion

Die Redaktion sieht aus wie ein großes Büro mit vielen Schreibtischen, auf denen Computer stehen. Leute tippen, Telefone klingeln, irgendwo spuckt ein Faxgerät die neusten Pressemitteilungen aus. Auch Jonathan Kant sitzt an einem Schreibtisch, umgeben von einem Berg Papier, vor sich einen riesigen Bildschirm, und hämmert in die Tasten.

„Hallo, Papa", sagt Jule.

„Hallo, Herr Kant", sagen Simon und Teris.

Jonathan Kant schaut auf. „Gute Nachrichten! Unser Artikel kommt auf die erste Seite. Dafür haben wir sogar die Planung der Redaktionskonferenz von heute Vormittag über den Haufen geworfen." Er schaut wieder auf den Bildschirm. „Mir fehlt nur noch ein guter Schlusssatz."

Simon ballt die Faust. Jetzt haben sie es geschafft! Diesen Artikel wird niemand mehr übersehen. Aufgeregt linst er Herrn Kant über die Schulter. Der tippt ein paar Wörter, löscht sie wieder und schreibt neu: „Auch wenn bisher alles seine Ordnung zu haben scheint, so fragt man sich doch, warum das Bauvorhaben bisher peinlich verschwiegen wurde. Befürchtet man, die Bevölkerung könnte sich doch nicht so sehr über ein hypermodernes Einkaufszentrum freuen, sondern lieber ihren Wald behalten wollen?"

Simon muss die Sätze zweimal lesen, ehe er sie versteht. „Wieso hat das Bauvorhaben seine Ordnung?", ruft er. „Es ist überhaupt nicht in Ordnung, dass die das Wäldchen abholzen wollen." Diesen Artikel hat er sich völlig anders vorgestellt!

Jules Vater seufzt und kramt auf seinem Schreibtisch herum. Unter einem Papierstapel zieht er ein Blatt hervor. „Das ist die Kopie der Baugenehmigung, die ich bekommen habe. Unterschrieben und von einer zweiten Person gegengezeichnet, genau wie es vorgeschrieben ist. Auch wenn es uns nicht passt, da ist alles in Ordnung."

Simon verschwimmt alles vor den Augen. Das darf doch nicht wahr sein! Die wollen ihr Wäldchen plattmachen und dann heißt es nur: Da ist alles in Ordnung.

„Kommt, Jungs, ich zeig euch mal was. Ich passe meinen Artikel jetzt ins Layout der Zeitung ein." Herr Kant will sie ganz offensichtlich trösten. Mit ein paar Klicks

3. Fall: Was heißt „gegenzeichnen"?

eine Zeichnung machen

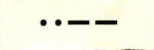

schiebt er seinen Artikel auf dem Bildschirm herum,
und auf einmal sieht er nicht mehr aus wie ein ganz
normaler Text, sondern wie der Ausschnitt einer
Zeitungsseite.

Normalerweise würde Simon das auch alles wahn-
sinnig interessieren. Aber heute nicht. Immer wieder
wandert sein Blick vom Bildschirm zu der Kopie der
Baugenehmigung. Welcher Idiot ist dafür verantwort-
lich? Wer hat das genehmigt?

„Claudius Weiler", liest er. „Rainer Schuldes." In ihm
beginnt es zu tickern. Moment mal … Claudius, so
hieß doch der Mann im Wäldchen! Ein ungewöhnlicher
Name. So heißen normalerweise nur römische Kaiser
und so.

Teris ist Simons Blick gefolgt. „Rainer Schuldes",
sagt er verblüfft. Im nächsten Moment stürmt
er ohne Vorwarnung davon.

„Hey, wo willst du denn auf einmal hin?"
Simon und Jule rennen ihm hinterher.

eine bestätigende
Unterschrift leisten

•—

in die linke Richtung
schreiben

5. Planungen

Erst draußen auf der Straße holen sie Teris ein. Simon kann ihn gerade so am Ärmel erwischen. „Wo willst du hin?", wiederholt er keuchend.

„Zu Rainer Schuldes. Den kenn ich! Das ist unser Nachbar." Teris stockt und schlägt sich gegen die Stirn. „Ach Mist, das geht ja gar nicht. Der ist in Urlaub."

Jule zückt ein Notizbuch, das haargenau so aussieht wie das ihres Vaters. „Wie lange schon?", fragt sie.

Teris zuckt die Achseln. „Keine Ahnung. Bestimmt seit zwei Wochen."

„Das kann nicht sein", widerspricht Simon. „Das Datum der Baugenehmigung ist vom 13. Juni, also erst vier Tage her." Das hat er auf der Kopie gesehen und sich genau gemerkt.

„Ich weiß das aber, weil meine Mutter die ganze Zeit seinen Briefkasten leert und die Blumen gießt", versichert Teris. „Und seit er nach Griechenland geflogen ist, jammert sie ständig, dass sie da jetzt auch gerne wäre."

Da stimmt doch was nicht! Eine Baugenehmigung unterschreiben und gleichzeitig Urlaub machen, das geht ja wohl nicht. Simon wird ganz hibbelig.

Vielleicht können sie genug Informationen zusammentragen, um Jonathan Kant von Weilers krummen Touren zu überzeugen? Dann schreibt er bestimmt einen noch viel kritischeren Artikel!

Jule kritzelt geschäftsmäßig in ihr Notizbuch. „Kannst du das noch mal nachprüfen mit dem Urlaub? Damit das wirklich wasserdicht ist."

Teris nickt. „Mach ich."

„Und dann gehen wir aufs Bauamt und versuchen was über Claudius Weiler rauszukriegen", schlägt Simon vor.

„Und ich kümmere mich um den Vogel." Jule schlägt mit einem Knall ihr Notizbuch zu. „Okay, Uhrenvergleich. Es ist jetzt ..."

„Fünf Uhr", sagt Simon.

„Bei mir ist es fünf Minuten nach fünf", sagt Teris. „Aber meine Uhr geht immer vor."

„Ich hab drei Minuten nach fünf", stellt Jule fest.
„Wir sollten alle dieselbe Zeit haben, sonst verpassen wir uns vielleicht."
Alle drei stellen ihre Uhr auf Punkt fünf.
„Und wann treffen wir uns wieder?", fragt Simon.
„Mal überlegen …" Jule runzelt die Stirn. „Abends um zehn Uhr geht der Druck der Zeitung los. Aber davor müssen noch die Druckplatten hergestellt werden. Und davor müssen die Zeitungsseiten komplett fertig sein, mit allen Texten und Bildern und so. Und mein Vater muss den Text für seinen Artikel ja vielleicht noch umschreiben … Also ich würde sagen, spätestens um sieben Uhr sollten wir in der Redaktion sein."
Um sieben! Das sind ja gerade mal noch zwei Stunden! Jule saust auch gleich los. „Bis später!"
Teris schaut ihr sehnsüchtig hinterher. „Soll ich ihr nicht mit dem Vogel helfen? Ich weiß doch viel besser, wie der aussieht."
Langsam wird Simon richtig sauer. Haben sie nichts Wichtigeres zu tun, als einem Mädchen mit bunten Ponysträhnen hinterherzuschmachten? „Mann, wir haben es eilig! Und Jule kann das auch alleine. Jule ist doch cool, das hast du selbst gesagt."
„Na gut", sagt Teris seufzend. Und dann reißt er sich endlich los und folgt Simon.

26

6. Recherchearbeit

Zuerst rufen sie Teris' Mutter an, die heute Spätschicht im Supermarkt hat, und fragen, seit wann sie beim Nachbarn die Blumen gießt. „Seit Anfang Juni", ist ihre Antwort. Und dann seufzt sie, dass der deutsche Frühsommer bisher so verregnet war. Danach fragt sie, ob Teris sich zu Mittag das Moussaka von gestern aufgewärmt hat. Und ob er schon seine Hausaufgaben gemacht hat. So geht das eine ganze Weile.

Als Teris' Mutter endlich weiterarbeiten muss, wissen sie jedenfalls mit Sicherheit, dass Rainer Schuldes die Baugenehmigung nicht unterschrieben haben kann. Weil er nämlich überhaupt nicht da ist.
„Und das heißt", kombiniert Simon, „die Unterschrift muss ein anderer gemacht haben. Die muss irgendjemand gefälscht haben!" Auf einmal erinnert er sich

auch wieder, was dieser Claudius im Wäldchen zu dem anderen Mann gesagt hat: „Die Baugenehmigung habe ich diese Woche erledigt. Mit beiden Unterschriften." Diese Sätze ergeben doch jetzt einen ganz besonderen Sinn!

Er schaut auf die Uhr und erschrickt. Halb sechs schon! Wenn sie noch etwas über Claudius Weiler rausfinden wollen, müssen sie sich beeilen.

Im Bauamt sitzt so spät am Nachmittag nur noch ein einsamer Pförtner und erklärt ihnen: „Die Öffnungszeit ist längst vorbei. Tut mir leid. Zu wem wolltet ihr denn?"

„Zu Herrn Weiler", antwortet Simon.

„Zu unserem Bauamtsleiter? Da hättet ihr heute sowieso kein Glück gehabt. Der hat sich freigenommen." Er beugt sich vor und lächelt verschwörerisch. „Umzugsurlaub."

Der Pförtner sieht aus, als würde er sich über ein Plauderstündchen freuen. Deswegen versucht Simon einfach mal zu bluffen und behauptet: „Ach, wie schön, hat es also geklappt mit dem neuen Haus."

Und der Pförtner springt darauf an. „Kennt ihr Herrn Weiler denn?"

Simon und Teris nicken einträchtig.

„Dann wisst ihr ja auch, dass das kein Haus ist, sondern eine Nobelvilla." Der Pförtner seufzt: „So eine Erbschaft

28

würde ich auch gern mal machen. Dann würde ich aber als Erstes meinen Job hier kündigen."

„Können Sie uns die neue Adresse von Herrn Weiler geben?", fragt Simon forsch.

Der Pförtner runzelt die Stirn. Wahrscheinlich fällt ihm gerade auf, dass er eigentlich schon viel zu viel gesagt hat. „Nein, das geht nicht. Datenschutz. Aber ihr habt doch gesagt, ihr kennt ihn."

„Klar, wir rufen ihn einfach an", unterbricht Teris ihn hastig und zieht Simon mit sich nach draußen. „Das war aber verdammt auffällig", meint er, als sie vor der Tür stehen.

„Immerhin haben wir herausgekriegt, dass er angeblich eine dicke Erbschaft gemacht hat", sagt Simon. Und mit dem Anrufen hat Teris ihn auf eine Idee gebracht: Zumindest Weilers alte Adresse können sie über das Telefonbuch herausfinden.

Kurz nach sechs Uhr stehen sie vor Weilers alter Wohnung. Sie befindet sich in einem völlig unauffälligen, völlig normalen Wohnhaus mit vier Etagen. Der Name steht noch an der Klingel. Aber als sie darauf drücken, rührt sich nichts. Die Wohnung ist leer, niemand mehr da.

„Dann fragen wir die Nachbarn", sagt Simon entschlossen und drückt auf eine andere Klingel.

Im Erdgeschoss geht ein Fenster auf und eine Frau steckt ihren Kopf heraus. „Hört auf mit euren Klingelstreichen!", schimpft sie.

„Wir machen keine Klingelstreiche", widerspricht Teris. „Wir wollen zu Herrn Weiler."

„Wenn er nicht aufmacht, wird er wohl nicht da sein, oder?"

„Er ist umgezogen. Aber wir wissen seine neue Adresse nicht", erklärt Simon.

„Und wir möchten so gerne mal sein tolles neues Haus angucken", fügt Teris hinzu.

„Ich auch!", ruft die Frau. „Ich möchte auch in der Mahlerstraße wohnen!

4. Fall: Wo kann man mit einer Aktie Geld verdienen?

in einer Lotterie

Ich möchte auch einen Mann haben, der so viel Geld
mit Aktien verdient! Aber meiner setzt unser Geld mit
Aktien immer bloß in den Sand." Damit knallt die Frau
das Fenster wieder zu.

„Puh, hat die 'ne schlechte Laune", schnauft Teris.
Simon grinst. „Aber immerhin wissen wir jetzt, dass
Claudius Weiler in die Mahlerstraße gezogen ist."

„Dann sollten wir da jetzt hinfahren." Teris schaut auf
seine Uhr. „Uns bleibt nämlich nicht mehr viel Zeit."
Sie schwingen sich wieder auf ihre Fahrräder und rasen
wie die Teufel zur Mahlerstraße.

„Hast du gehört, was die Frau gesagt hat?", ruft Simon
Teris unterwegs zu.

„Ja, sie hat dauernd rumgemeckert, weil sie sich nicht
auch so ein tolles neues Haus leisten kann."

„Und sie hat gesagt, sie wolle auch mal so viel Geld
mit Aktien verdienen. Das heißt also, Weiler hat behauptet, er hat sein Geld aus Aktiengewinnen an der
Börse."

„Der Pförtner hat erzählt, Weiler hat eine Erbschaft
gemacht. Was denn nun?"

in einem
Preisausschreiben

..—.

an der Börse

—.—

Gute Frage! Aber Simon ist ziemlich überzeugt, dass keins von beidem stimmt.

Jetzt biegen sie in die Mahlerstraße ein. Ein Superhaus steht neben dem anderen. Aber keine Reihenhäuser, nein, das sind richtige Villen mit Gärten, die aussehen, als könnten hier Fußballmannschaften ganze Turniere austragen. Von einem normalen Gehalt kann man so was bestimmt nicht bezahlen.

Langsam fahren sie an den Häusern entlang. Simon schaut immer wieder auf die Uhr. Fünf nach halb sieben. Das wird verdammt knapp. Wenn sie jetzt nicht bald etwas herausfinden, müssen sie unverrichteter Dinge wieder abziehen.

Vor der größten Villa faltet eine Frau gerade einen Pappkarton zusammen, auf dem ein Firmenname und der Werbespruch „Wir ziehen alles um" steht. Am Bein der Frau hängt ein kleiner Junge und quengelt: „Will meinen Bagger haben!"

„Der Bagger ist noch in einer Umzugskiste, Magnus", antwortet die Frau.

Magnus? Simon bremst so scharf, dass Teris ihm beinahe ins Hinterrad donnert. Ist das nicht auch wieder so ein römischer Kaisername? Er schaut zur Haustür, wo ein großes Schild hängt: „Hier wohnen Titus, Magnus, Susanne und Claudius Weiler." Volltreffer!

„Wow, was für 'ne Villa!", staunt Teris.

Der kleine Magnus linst hinter dem Bein seiner Mutter hervor. „Unser Haus", quäkt er.

Simon stößt einen übertrieben lauten Seufzer aus. „In so einem Haus möchte ich auch mal wohnen. Aber so viel Geld verdient mein Papa leider nicht."

Jetzt kommt ein zweiter Junge aus der Villa. Er sieht aus wie Magnus, nur größer. Das ist bestimmt Titus. Er zieht eine hochnäsige Miene. „Dann muss dein Papa eben Lotto spielen", sagt er zu Simon. „So wie meiner. Der hat gewonnen. Total viel!"

Frau Weiler stopft hastig den Karton neben die Mülltonnen. „Kommt, wir packen jetzt den Bagger aus."

Sie zerrt ihre beiden Jungs zur Haustür. „Du musst doch nicht jedem erzählen, dass wir im Lotto gewonnen haben", schimpft sie dabei.

„Aber es stimmt doch", verteidigt sich Titus.

„Bagger haben!", schreit Magnus dazwischen.

Dann schlägt die Tür zu.

„Jetzt haben wir drei Geldquellen zur Auswahl", stellt Teris fest. „Eine Erbschaft, Aktien und einen Lotto-gewinn. Welche stimmt?"

Vielleicht gar keine? „Weilers plötzlicher Reichtum stammt wohl eher von diesen ‚kleinen Spenden', die der Mann aus dem Wäldchen an ihn gezahlt hat", vermutet Simon. „Ich wette, die waren alles andere als klein. Und das Ganze nennt man …"

„Bestechung!", ruft Teris aufgeregt.

Simon schaut auf die Uhr. Viertel vor sieben. Jetzt nichts wie los und Jonathan Kant von ihren neusten Rechercheergebnissen berichten! Dann bleibt ihm nämlich nichts anderes übrig, dann muss er seinen Artikel umschreiben.

7. In letzter Minute

Punkt sieben Uhr, zur vereinbarten Zeit, sind sie zurück
in der Redaktion. Gerade noch geschafft! Nur von Jule
ist nichts zu sehen. Aber die brauchen sie jetzt gar nicht
mehr. Sie haben genügend Informationen gesammelt.
„Hm, hm", macht Jonathan Kant, während er ihrem
Bericht zuhört. „Hm, hm."
Soll das alles sein? Kein Jubelschrei? Kein: „Jetzt
haben wir die Bande!" Nichts?
„Jetzt haben wir die Bande", versucht Simon es selbst.
Jules Vater antwortet nicht, sondern greift zum Telefon
und führt ein kurzes Gespräch. Simon hält den Atem
an. Er hat nicht ganz verstanden, mit wem Herr Kant
gerade gesprochen hat. War es die Polizei?
„Gut", sagt Jonathan Kant, nachdem er aufgelegt hat.
„Die Sache mit dem Urlaub hab ich mir eben auch noch
vom Pförtner im Bauamt bestätigen lassen. Rainer
Schuldes ist tatsächlich im Augenblick in Griechenland.
Es hat also jemand anders seinen Namen auf die Baugenehmigung geschrieben, sprich, die Unterschrift
scheint gefälscht zu sein." Er klickt auf eine Datei und
sein Artikel öffnet sich wieder.
Simon sieht, wie er einen Teil des Artikels löscht und
neu schreibt.

Eine Frau kommt mit klackernden Schuhen an seinen Schreibtisch. „Die Schlussredaktion fragt, wo dein Artikel bleibt."

„Ja, ja, gleich." Jules Vater tippt wie ein Wahnsinniger. Die Frau schaut bedeutungsvoll auf die Uhr und klackert wieder davon.

Simon starrt auf den Bildschirm. „Schreiben Sie denn gar nichts über Claudius Weiler?"

Herr Kant schüttelt den Kopf. „Das kann ich nicht. Ihr habt drei verschiedene Aussagen, woher er sein Geld hat. Ihr vermutet, dass er bestochen worden ist. Aber ihr wisst es nicht. Ihr habt keinerlei Beweise dafür."

„Der wohnt in einer Schickimickivilla", ruft Simon. Das ist doch wohl Beweis genug!

Aber Jonathan Kant schüttelt wieder den Kopf. „Das ist nur ein Beweis, dass er Geld hat, aber nicht, woher er es hat."

5. Fall: Wie sieht ein Steinkauz aus?

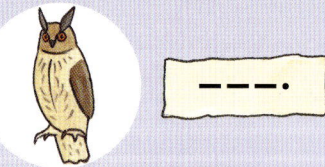

Simon kann es nicht fassen. Heißt das, sie sind ganz umsonst herumgerast?

Da stürmt endlich Jule herein, gefolgt von der Klacker-Frau. „Jonathan, die Schlussredaktion …"

„Papa, ich hab den Vogel gefunden!", schreit Jule dazwischen. Ihre Haare stehen nach allen Seiten ab, als stünden sie unter Strom. „Ich hab mich im Wald auf die Lauer gelegt und gewartet und gewartet. Und dann kam er endlich. Ich hab ihn fotografiert …"

Simon und Teris schauen sich an. Den Vogel fotografieren. Darauf hätten sie ja auch mal kommen können.

„Und dann hab ich die Bilder auf den Computer hochgeladen und ausgedruckt. Hier." Jule wirft einen Ausdruck auf den Schreibtisch. „Und dann hab ich im Internet gesucht."

Wieder schauen Simon und Teris sich an. Im Internet suchen. Darauf hätten sie ja auch mal kommen können.

Jule wirft einen weiteren Papierausdruck auf den Tisch. „Der Vogel ist ein Steinkauz!"

Jonathan Kant legt die Stirn in Falten. „Bist du sicher?"

Simon ist sich sicher. Und zwar, dass Jule falsch liegt.

 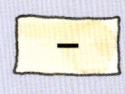  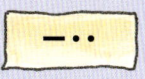

Ein Kauz ist eine Art Eule, und Eulen sind nachtaktiv und schlafen dafür am Tag.

Aber Jule sprudelt schon weiter: „Normalerweise jagen Steinkäuze nur in der Dämmerung und nachts. Aber wenn sie Junge aufziehen, fliegen sie auch tagsüber. Und sie haben Junge! Ich habs gesehen. Sie haben ein Nest in der Baumhöhle." Klatsch, da liegt der nächste Ausdruck auf dem Tisch. Diesmal kein Bild, sondern schwindelerregend viel Text. „Und das Beste ist: Steinkäuze gehören zu den stark bedrohten Tierarten."

Plötzlich kommt Leben in Jonathan Kant. Er reißt den Hörer vom Telefon und führt ein paar aufgeregte Telefonate, in denen ziemlich oft das Wort „Naturschutz" vorkommt.

Endlose Minuten vergehen. Simon hüpft von einem Bein aufs andere. Dann kommt die Klacker-Frau wieder und fuchtelt mit den Armen.

Endlich legt Jonathan Kant auf und sagt: „Ich habe eben mit dem Naturschutzbund und dem Förster gesprochen. Steinkäuze sind streng geschützt. Und der Förster hat mir bestätigt, dass die Steinkäuze bei der Stadtverwaltung schon länger bekannt sind. Diese Baugenehmigung hätte also nie erteilt werden dürfen. Zumal eine Unterschrift ja offensichtlich gefälscht ist."

Simon, Teris und Jule strahlen sich an.

„Jonathan …" Das ist die Klacker-Frau.

„Moment noch", sagt Herr Kant. „Ich muss nur schnell einen neuen Artikel schreiben. Und der Schlussredaktion kannst du sagen, dass sie die erste Seite noch mal ändern müssen. Mein Artikel wird das Spitzenthema."

Die Klacker-Frau sieht aus, als würde sie gleich in Ohnmacht fullen. „Wir können doch nicht kurz vor dem Andruck alles über den Haufen werfen!"

Jonathan Kant sagt feierlich: „Oh doch, wir können. Der Artikel ist es wert, das kann ich dir versichern."

8. Die Schlagzeile

Der Rest des Abends kommt Simon vor wie ein Traum.
Nachdem die Klacker-Frau kopfschüttelnd wieder
verschwunden ist, greift Jonathan Kant noch mal zum
Telefon und ruft bei den Eltern an, damit sie sich keine
Sorgen machen, wo Simon und Teris bleiben. Die können jetzt nämlich nicht einfach nach Hause gehen.
Die wollen unbedingt sehen, wie die Zeitung gedruckt
wird. Zum Glück verstehen die Eltern das und verspre-
chen, sie nachher im Druckhaus abzuholen.
Danach schreibt Jonathan Kant seinen Artikel, und
zwar „auf Blitz", wie Jule ihnen erklärt. So heißt das,
wenn eigentlich gar keine Zeit mehr zum Schreiben
ist, weil die Zeitung gleich gedruckt werden soll. Und
tatsächlich, Simon kann Herrn Kants Finger kaum noch
erkennen, so blitzartig wirbeln sie über die Tastatur.
Als Jules Vater „Fertig!" brüllt, wirbeln noch
irgendwelche Menschen vor irgendwel-
chen riesengroßen Bildschirmen herum,
auf denen die Zeitungsseite zu sehen ist.

**6. Fall: Warum muss
Herr Kant seinen Artikel
„auf Blitz" schreiben?**

Weil er aufgehalten
wurde.

·—··

Dort schieben sie die Artikel hin und her, bis alles passt. Jetzt hat die Zeitung eine neue Schlagzeile: „Einkaufszentrum bedroht geschützte Steinkäuze" und darunter: „Gefälschte Unterschrift auf Baugenehmigung wirft Fragen auf." Außerdem gibt es noch ein tolles Bild, auf dem der Wald sehr idyllisch aussieht. Das hat irgendjemand noch auf die Schnelle aus dem Archiv herausgesucht.

Um Punkt zehn Uhr abends rotiert eine riesige Druckmaschine los. Mit großen Augen stehen Simon und Teris daneben. Das ist schon was anderes als ihr müder Drucker zu Hause, mit dem sie die Witzblätter ihrer Schülerzeitung ausdrucken, bevor sie die in der Schule kopieren. Ein paar Minuten später halten sie schon die allererste Ausgabe des Kullheimer Morgenblatts in den Händen. Simon schnuppert selig. Es riecht nach frischer Druckerschwärze. Und was er in dem Artikel liest, macht ihn noch viel seliger:

„Bisher scheint der Bau des Einkaufszentrums als Geheimsache behandelt worden zu sein. Erst der Artikel von zwei engagierten Jungredakteuren in ihrer

Weil er sich zu lange Zeit gelassen hat.	Weil er kurzfristig noch etwas Wichtiges erfahren hat.
....	

Schülerzeitung brachte das Vorhaben ans Licht der Öffentlichkeit. Nachforschungen ergaben …" Und dann kommt alles, was sie in den letzten Stunden ihrer Recherche herausgefunden haben.

Obwohl es schon so spät ist, als Simon an diesem Abend endlich zu Hause im Bett ist, dauert es lange, ehe er einschlafen kann. Neben seinem Kopfkissen knistert die Zeitung mit der wunderbaren Schlagzeile. Und in seinen Träumen blinken Bildschirme, tanzen Buchstaben und dröhnen Druckmaschinen.

Als er aus all diesem Durcheinander aufwacht, ist es schon Morgen. Draußen rauscht der Regen. Simon ist todmüde. Aber er muss trotzdem zur Schule. Mühsam kriecht er aus dem Bett und schleppt sich in die Küche.

„Guten Morgen, du Held", begrüßt ihn seine Mutter und stellt ihm einen Becher Kakao und ein Toastbrot mit Käse auf den Tisch. Daneben liegt die Zeitung. „Wo kommt die denn her?", murmelt Simon. Eben lag die Zeitung doch noch neben seinem Kopfkissen. „Aus unserem Briefkasten", antwortet Mama. „Und da hat sie der Zeitungsbote reingesteckt, wie jeden Morgen."

Der arme Zeitungsbote. Der muss ja noch früher aufstehen als er. Und das auch noch bei diesem Mistwetter. Ob die anderen aus der Schule auch alle das Kullheimer Morgenblatt bekommen? Ob sie schon die Schlagzeile gelesen haben? Hastig schüttet Simon seinen Kakao hinunter. Auf einmal kann er gar nicht schnell genug aus dem Haus kommen.

Schon von Weitem sieht er den Menschenauflauf vor dem Schultor. Als er näher kommt, schaut er in die aufgeregten Gesichter seiner Klassenkameraden. Alle quasseln laut durcheinander. Hanna schiebt sich zwischen den anderen hindurch und ruft: „Darf ich bei euch mitmachen?" Sie wedelt mit einem Blatt Papier. „Ich hab den Artikel über die Pflanzaktion fast fertig." Paul drängelt sich einfach vor sie und schreit: „Ich will auch mitmachen! Ich will auch recherchieren!"

„Ich will auch ins Bauamt einbrechen!", fällt ein anderer Junge ein.

Sind die alle verrückt geworden? „Das könnt ihr vergessen. Wir sind Journalisten, keine Einbrecher. Wir arbeiten sauber."

Schlagartig wird es ruhiger. „Wie langweilig", meckert Paul. Ein paar Kinder wenden sich enttäuscht ab. Aber die meisten bleiben hartnäckig: „Dürfen wir trotzdem mitmachen?"

Simon schaut von einem erwartungsvollen Gesicht zum anderen, und langsam, ganz langsam breitet sich ein unglaublich tolles Kribbelgefühl in ihm aus. Das ist ihr Durchbruch! Noch nie wollten so viele bei der Schülerzeitung mitmachen!

„Ich werde eure Mitarbeit mit Teris besprechen", sagt er hoheitsvoll.

„Und mit Jule", fügt Teris hinzu, der genau in diesem Augenblick auf dem Schulhof eingetroffen ist.

Simon widerspricht nicht.

Am Mittag nach dem Unterricht scheint wieder die Sonne. Zu dritt gehen sie ins

7. Fall: Was bedeutet „etwas auf Eis legen"?

etwas vorläufig nicht bearbeiten

Wäldchen. Simon schwebt förmlich zu ihrem Baumhaus hinauf. Jule hat bereits Neuigkeiten: „Ich hab
eben kurz mit Papa telefoniert. Die Polizei hat sich bei
ihm gemeldet. Es gibt Ermittlungen gegen Schuldes,
Weiler und den Typ, der das Einkaufszentrum bauen
will. Die finden bestimmt Beweise, dass er Weiler
bestochen hat. Und die Baugenehmigung liegt erst
mal auf Eis."

Simon schaut hinüber zu den Steinkäuzen, die heute
wieder unermüdlich ihre Jungen versorgen. Eins streckt
schon neugierig den Kopf aus der Baumhöhle. Wenn
alles gut geht, können sie das auch weiterhin tun. Der
Wald, ihr Baumhaus, das Zuhause der Steinkäuze, das
alles wird erhalten bleiben – hoffentlich für immer! Und
angefangen hat alles mit ihrer Exklusivmeldung in der
Schülerzeitung.

„Wir sollten schnell nachlegen", meint Simon. „Jetzt
sind alle heiß auf unsere Zeitung. Also, was schreiben
wir in der nächsten Ausgabe?"

Teris antwortet: „Was hältst du denn davon: Kommt ein
Skelett zum Arzt …"

etwas nie
mehr bearbeiten

etwas am
besten vergessen

Was sagst du dazu?

Kennst du diese Wörter aus der Zeitungswelt? Ordne ihre richtige Bedeutung zu!
Findest du auch die Seiten, auf denen das jeweilige Wort in der Geschichte vorkommt?

(1) der Journalist   (a) Person, die zusammen mit einer anderen etwas veröffentlicht

(2) der Koautor   (b) Person, die Informationen liefert

(3) der Informant   (c) Mitarbeiter einer Zeitungsredaktion

(4) der Artikel   (d) Spalte, Abschnitt mit Überschrift

(5) die Recherche   (e) Bericht über ein Thema

(6) das Interview   (f) Suche nach Informationen

(7) das Layout   (g) Beitrag in einer Zeitung

(8) die Rubrik   (h) Bild- und Textgestaltung

(9) die Reportage   (i) Befragung einer Persönlichkeit zu bestimmten Themen

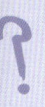

Hast du Lust, selbst mal einen Zeitungs-artikel zu irgendeinem Thema zu schreiben?

Schicke uns deinen Artikel! Als Dankeschön verlosen wir unter den Einsendern zweimal jährlich tolle Buchpreise aus unserem aktuellen Programm!
Eine Auswahl der Einsendungen veröffentlichen wir außerdem auf unserer Homepage www.lesedetektive.de.

Bibliographisches Institut GmbH
Duden – Kinder- und
Jugendbuchredaktion
Kennwort: **Zeitung**
Postfach 10 03 11
68003 Mannheim
E-Mail: lesedetektive@duden.de

Wenn du alle Fälle im Buch richtig gelöst hast, kannst du hier das Lösungswort eintragen:

$$\underline{\hspace{1cm}} \quad \underline{\hspace{1cm}} \quad \underline{D} \quad \underline{\hspace{1cm}} \quad \underline{\hspace{1cm}} \quad \underline{\hspace{1cm}} \quad \underline{I} \quad \underline{\hspace{1cm}} \quad \underline{\hspace{1cm}}$$

1.   2.   3.   4.   5.   6.   7.

Lesedetektive von Duden
Leseförderung mit System

Erstlesebücher für die 1. bis 4. Klasse
Jeweils 32 oder 48 Seiten. Gebunden.

- Spannende und originell illustrierte Geschichten
- Abgestuft in Textmenge, Schriftgröße und Schwierigkeitsgrad
- Der Lesedetektiv fördert mit Fragen gezielt das Textverständnis
- Mit Detektivwerkzeug zur Entschlüsselung der Antworten

Lesedetektive. Mal mit!
Jeweils 64 Seiten. Broschur.

- Neuartige Kombination aus Erstlese- und Malbuch für kreative Leseförderung
- Das Kind vervollständigt die Illustrationen selbst anhand des Textes
- Der Lesedetektiv hilft durch gezielte Aufgaben, die zeichnerisch gelöst werden

Lesedetektive gibt es auch zum Vorlesen ab 2 bzw. 4 Jahren!

Weitere Informationen zu allen Titeln auf www.lesedetektive.de

Gefunden!
Knote den Streifen einfach
an das Lesebändchen an
und fertig ist dein Morsealphabet!
Neben jeder richtigen Antwort im Buch
steht ein Morsezeichen, das du im
Alphabet wiederfindest. Setze nun auf
der letzten Seite die Buchstaben
zum Lösungswort zusammen.